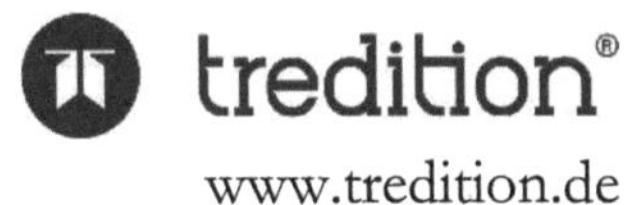

Michael Röder

... mit der Unsicherheit neuen Lebens

Gedichte und ein Prosastück

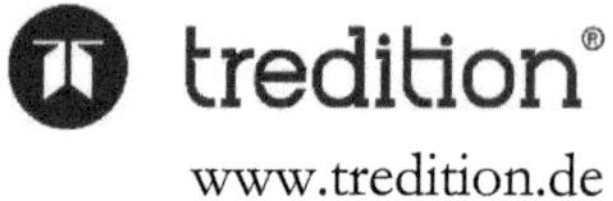

www.tredition.de

© 2016 Michael Röder

Verlag: tredition GmbH, Grindelallee 188, 20144 Hamburg
www.tredition.de

ISBN
Paperback: 978-3-7345-4735-5
Hardcover: 978-3-7345-4736-2
e-Book: 978-3-7345-4737-9

Printed in Germany

Bibliografische Information der Deutschen Nationalbibliothek: Die Deutsche Nationalbibliothek verzeichnet diese Publikation in der Deutschen Nationalbibliografie; detaillierte bibliografische Daten sind im Internet über http://dnb.d-nb.de abrufbar.

*Im Wechselbad des Lebens * stets auf dem Weg *
Ringe prägen und zeichnen uns *
doch wir wachsen mit ihnen * und über sie hinaus*

„Wachstumsringe" – 2007

Inhalt

Gedichte

Aschenhaufen

Ein Glimmen im Ried
auf- und abschwellend
wie das Saugen der Zigarette
in pechgeschwärzter Nacht

Die Wärme
in unbestimmten Zeiten gesteigert
ins Unermessliche der Feuersbrunst

O schwellst Du ab
gibst zurück das Leben ...
O lass Dich nicht hinwegreißen
vom Knacken der Geäste
- die buhlende Hitze tritt mit ihnen
in gezwungene Zwiesprache

Ein Winden und Wogen
ein Zucken der Wonne
sogleich verkehrt in
rußigen Schmerz
- verzehrend

Hat erst einmal begonnen
das erbarmungslose Züngeln
mit roher Gewalt

- keine Macht vermag's mehr
in Schranken zu halten

***

Das gemütliche Knacksen und Knacken
die Menschen drumherum
in lockerer Gesellschaft
am wärmenden Lagerfeuer
Nur der fachende Hauch des Abends
ungewiss seiner Bestimmung
hat es vermocht:

überall tropfen die Flammen
das Orchester der Zweige, des Holzes
spielt auf in munterer Unwissenheit
zum nachtfüllenden Crescendo

die Idylle in Feuerwerk der Lust gehüllt
im Nichtwissen der Pein des Verglimmens
- der große Aschenhaufen, der zurückbleibt
Sein Mahnmal gestürzter Kohlestangen
rußverschmierter Kindergesichter
- ihre Hände greifen gierig
nach dem ewigwährenden Aschenhaufen

Böser Geist

Schon früh
fühlte er sich
ausgesetzt
wie Ödipus der Schwellfuß

Schon früh
ward er weggegeben -
die Gesichter der Nächsten
fern und fremd

Wieder zurückgekehrt
wurde er erzogen
wie sich's
gehört

Seine Mutter
setzte viel in ihn
zugleich
gab sie ihn
auf

Jetzt
wacht er auf
von bösen Träumen
sieht ihren Geist

der mit spitzem Finger
ihm
ins Auge
sticht

Sein Blut
soll reinwaschen
was er verbrochen

Er fragt sich
in Schmerzen
ob
nicht zu lieben
seine Schuld sei

Sohnes Klage

Wenn Du
mit mir redest
redest Du
über die Gesellschaft
und Politik
der kleinen Leute

Für Dich
gibt es nichts anderes
als das Leben
hier
bei uns
*Wir haben es gut
wie lange nicht mehr*

Du redest
von der Gefahr
der anderen
die kommen
besetzen
und ausbeuten
Meine Stimme
der anderen Wahrheit

versandet
im lauten Getriebe

Du sagst
gegen meine Bedenken
Wohin mit dem Geld
wenn nicht
bauen und kaufen?

Wir richten's uns
gut ein
hier
auf der Welt

Die anderen
verdienen
ihr Unglück
ihr Ungemach
selbst verschuldet
Wir bedürfen ihrer
nicht

***

Wenn Du
über Kinder sprichst
Warum etwas tun
für sie

tun sie nichts
für mich?

Du bist gut
wenn's andere sind
böse
wenn sie's verschulden
Aug' um Aug'
Zahn um Zahn

Kein Wort
gilt wirklich
mir
Du versteckst
dein schulderfülltes Gesicht
hinter der Maske
gehäufter Worte
Deine Blicke
fallen mir
in den Rücken
Was mag
er
wohl denken?

Wenn ich Dich
küsste
O Vater
würdest du mich
empört zurückweisen
mit verzerrtem
Gesicht

Ungeziefer

Traumgedicht

Im elterlichen Haus
dem Jugendzimmer
wo du
Ruhe suchst
an den
getäfelten Wänden
geflügelte Insekten

Sie
wissen darum
Schaben und Falter
nehmen kein Ende
bis du
verzweifelt
auf sie einschlägst

Doch umsonst
unter deinen Augen
kopulieren sie
unablässig
höhnen der Gefahr

Das Holz
ohne den
glänzenden Lack
wo sie ihr Werk getan
matte Flecken

Deine Anverwandten
sind sich der Schande
bewusst
kommen
mit lächerlichem Instrument
die Plage zu bannen

Nie
wird der Schrecken
weichen
halbherzig nur ihre Methoden
der Wiedergutmachung
und
viel zu spät ...

Die verrottete Heimstatt
habe ich
längst verlassen ...
allein der Geist
bleibt im Unwesen
noch gebunden

Deutsche Post

An diesem Tag
sind die Leute anders
zum Guten wie zum Schlechten:
die Luft, die Witterung
treibt ihnen den Schweiß
aus versteckter Innerlichkeit

Die Woche geht zu Ende
der Postmann in Eile
mit leicht gesenktem Blick
den schweren leeren Wagen
zieht er
hinter sich her

Auf dem schmalen Steg
eine kurze Berührung
die ihn
aus dem Gleichgewicht bringt:
ein brauner Fuß
hatte sich verfangen
in den Felgen des Karrens

Auf dem Weg
zum Ort des Asyls
drei fremde Gesichter

Sie trifft im Reflex der Blick
verhangenen Grolls
räudige Hunde ärgerliches Pack
wohl eines Trittes wert

Das Kleinste spürt die Verwirrung
gluckst aus vollem Halse
wäre es nur ein Scherz ...
Der Deutsche bricht hervor
mit roher Gewalt:
uns hast du zu folgen
sonst
fahr dorthin zurück
wo du herkommst
- für immer

Homo Nonsens

Du allein
entscheidest über
Sinn und
Unsinn dieser Welt

Dein Sinn
hält sie zusammen
in wuchernder Sinnlosigkeit

wo den Sinn suchen
    des Menschen Sinn des Unsinns
wenn nicht
in der Besinnung
(auf die Sinnenfreudigkeit)
jenseits seines Sinns?

Bedingungslose Liebe

Gesehen werden
gehalten werden
umsorgt werden

sich vor Geborgenheit
nicht mehr zu helfen wissen
stets des Schutzengels gewahr
der sich im Rücken aufhält

entschwebt er in die Bedingung
der bodenlose Fall
des Unentschlossenen

Tabuisierte Erinnerung

Am Tag der Konfirmation
im Wirrsal eitler Vorbereitungen
wir uns alleine gegenübergestellt
Die Wärme des angeheizten Ofens
dringt in unsere Herzen

Die Gefahr schwebt
wie Reiz-Nebel über uns
entdeckt verurteilt werden
nehmen das Wagnis auf uns
Dein Leib
kaum der Mädchenhaftigkeit entwachsen
umfangen in krampfhaft-enger Umarmung
aufeinander ins Polster gedrückt
nichts trennt uns mehr

Tief atme ich
den Duft Deines rauchgeschwängerten Haars
sauge ihn ein als Labsal des Lebens
Hier ist nur
Glückseligkeit
der Taumel verbotener Süßigkeit

Nichts gleicht dem Hunger
ausgezehrter geschundener Seelen
- und doch so still

Bald wirst Du mir
nächtelang ganz zugetan sein
doch im Vergleich
nur ein schaler Abgeschmack
vom blitzartigen Augenblick
ersten Zusammenfließens

Ein Dezembermorgen

Durchfrierende Kälte
raumabfordernde Beförderungsmaschinen
in präziser Beschaulichkeit
aneinandergereiht
als warteten sie auf etwas

Die aufgedunsene blecherne Schlange
stockt mir surrendem Antrieb
in den Straßen
In der Luft
der bleierne Pesthauch

Hingeschwallte Reste
gefrornes Erbrochenes
krallt sich an den Wänden entlang
zur asphaltschmückenden Lache
Aus dem Maul des Containers
quillt der Müll
Fetzen festgetreten auf den Gehwegen

Steif gehen die Menschen
ihren Beschäftigungen nach

VARIATIONEN

Gefangen im Käfig dieser Welt
      im Käfig deiner selbst
gut einstudierte Sprünge
von Sprosse zu Sprosse
anerzogene Starre in der Bewegung
- aber noch singen

Längst an das Gitter gewöhnt
es schon nicht mehr wahrnehmen
eine Brille, der Rahmen vergessen
verzerrendes Glas schärft den Blick

Doch im Gesang
Freiheit begehren
entgegen der Aussicht
Andere gewogen machen
wie von selbst
springt das Schloss auf

Blitzschnell dieser Welt
entgleiten
doch zu langsam
Zupackende Hände
maßen sich an
über deine Zukunft
zu Gericht zu sitzen

TRAUM

Ich habe den kleinen Vogel,
der im Käfig aus Drahtgeflecht
eingesperrt ist,
liebgewonnen.

Ich locke ihn, damit er singt,
sehe mit frohem Herzen
die offene Tür,
aus der er entschwindet.

Ich bin nicht allein.
Wir ratschlagen angsterfüllt,
wie seine Zukunft aussehen mag,
welchen vielfältigen Gefahren er ausgesetzt ist
und über sein Verderben.
Es bleibt nichts anderes,

Falschverstandene Fürsorge
krallt sich in deine Federn
fasst nach dem Entschlüpfenden
sie geben dich nicht frei!

Dein Schicksal
bleibt die begrenzte Welt
im Frohlocken
betrügst du dich selbst

Warte nicht all die Jahre
(die Stangen rosten nicht)
mit jeder Mauser
bleicht dein Federkleid
bis im Alter auch die Flügel
ihren Dienst quittieren
und die eigene Stimme
zur fremden wird

als ihn einzufangen.
Nach mühevollen Versuchen
- der Vogel entzieht sich öfters
meinem Griff -

packe ich ihn fest mit dem Handschuh,
banne seine ungestüme Freiheitsliebe
und liefere ihn der anderen Person aus.

Ich habe den Armen jetzt, setze ihn
zurück ins Drahtgestell.

Flucht

Traumgedicht

Im Heimatort
die bekannten Straßen
treten vor dein Auge

Nebel hängt über der kleinen Stadt
nimmt von der Beschaulichkeit
(dem trügerischen Schein)
wohlgenährter Bürger und Häuser

Die abtrünnige Straße hinunterfahren
den Antrieb treten aus eigener Kraft
so schnell es nur geht
...
Du weißt der Bienenschwarm
(von Anverwandten ausgesandt)
hängt dir an den Fersen
droht in wankendem Kräftemessen
dich Taumelnden zu überrunden
zurückzuholen

Wird schwirrende Insekten-Macht
dich niederringen?

Des Schmerzes wohlbewusst
unter unsäglicher Mühe
bildest du dir ein
selbst in ihrer Mitte gefangen
noch zu entweichen -
offenes Ende im ungleichen Spiel

Falsche Sehnsucht

Hommage à Myunghee

Du ragst in mein jetziges Leben
wie ein ausgetrockneter Kirschzweig
der wieder Blüten geschlagen hat
- fast so frisch wie am Anfang

Damals
verschlangen wir uns vor Begehren
    die rotglühende Asche
    angefacht und gewendet
zerfetzten unsere Seelen
und blieben doch heil
In der vibrierenden Gänze
schrien wir laut hinaus

Außerhalb warfen Unterschiede
schwarze Schatten
quetschte die zugezurrte Schlinge
lähmende Verwirrung ab
Zeiten zersetzender Gleichgültigkeit
stießen wie übelriechender Wind
Türen auf
verpesteten Innenräume

Es hatte ein Ende
wie die bauchige Flasche
sich in Rinnsal auflöst:
Durst nach mehr
der trockene Gaumen der Unzufriedenheit
das Rumoren in den Gedärmen
nichts Halbes und
nichts Ganzes

Nach tiefen Fußtritten
in die sandige Haut des anderen
erhebst du deine Stimme
wie zuvor
- nur ein leichtes Zittern
angstvoll und gezwungen

Dein Grün ragt
in den abgesteckten Raum
inszenierter Zweisamkeit:
Zärtlichkeit gegen Verunsicherung
Die Proben sind noch lange
nicht zu Ende

Nur die Vergangenheit
umsonst vergangen
gibt deiner Stimme Gehör
So süß sie auch klingen mag

die Saite der Fürsorge
in mir anzureißen
der gestraffte Ton
ist längst ausgeleiert
in schrillen Missklang

Die Schlange

Traumgedicht

Der Tag zerfließt
aus dem Müll des Lebens
windet sich
eine schwarze Schlange

Sie nicht entkommen lassen
die Unwägbare packen
halten und
im gläsernen Terrarium
aufziehen

In der Nacht
dem frühen Morgen
tritt sie wieder
vor dein geistiges Auge:
gleitet durch üppiges Gras
soll als Giftige
zerschlagen werden

Die erhobene Hand
festhalten
nur unbedachte Todeshiebe
verleihen ihr gefährliche Macht

So gleitet sie gemächlich
ins seichte Gewässer

Das Reptil
durchhuscht die Strömung
über dem Felsgrund
haarfein unter der durchsichtigen Folie
des Wassers
Jagt nach Beute
verschlingt Frösche
auf dem Rücken
den breiten Zickzack

Vorerst bleibt dir verwehrt
woher sie stammt
Ihre Giftzähne
lassen dich
in ihrer Belanglosigkeit
gleichgültig
wendest du dich der Windenden nur zu

Tauche ein
in ihr Wesen
ergründe auch die Wasserpflanzen
am Bachufer

Beide breiten sich aus
erfüllen dein Selbst
mit der Unsicherheit
neuen Lebens

Jahreswechsel

Jahreswechsel der Einsamkeit:
Draußen die Straßen leergefegt
dunkle Türen ohne Notiz verschlossen
wankende Gestalten trüber Unwirklichkeit
Wartende im Stillstand der Zeit
keinem zu trauen

Jahreswechsel der Befürchtungen:
Im ausgepumpten Magen leichtes Rumoren
hungrige Augen suchen nach Licht
Dünne Haut aus Pergament befürchtet
(vor Erschrecken)
seelenzerberstenden Knallfröschen
zum Opfer zu fallen
Grenzen-los die Trennwand
zwischen innen und außen

Jahreswechsel der neuen Zeit:
Die Luft durchtränkt
von der Fahne des Schwarzpulvers
    erste zaghafte Tropfen zukünftigen Regens
Tief atmet Verunsicherung
das Lebenselixier

Hinter der Häuserecke
heller Funkenschlag
Feuerwerkskörper, die Kraft sammeln
für ihren Aufbruch
in neue Sphären

Überlebende

In memoriam Anne Frank

Wenn du überlebt hättest
die Jugend ausgetrieben
mit Strich und Faden:
schwarze Schneidspur
willkürlich herausgerissen
nach grob Augenmaß
Vernäht verhärmt
mit gründlicher Unbarmherzigkeit
Kinderlos
keine Blutstropfen mehr

Wenn du überlebt hättest
das Lächeln eingefroren
unter der dicken Eisschicht
tief hinabgestoßen
nur noch Fratze
Stumme Schreie
im schall-losen Container
Gesten der zweifelnden Verzweiflung
Wie lange noch?

Wenn du überlebt hättest
meine Liebe
sanft gestreichelt über
die Opferkreuze des Infernos
Den hölzernen Seelen
Leben eingehaucht
trotz der Raubtierkrallen
auf Deiner Haut
wittern in der Bleiche
immer noch das Blut

Du am Leben
mit spitzer Feder
ohne zu schneiden
wohlüberlegt die Schleusen geöffnet
zum blankgescheuerten wunden Herzen
Deine Wurzel abgehackt
glatt traf das Henkerbeil
Schlag auf Schlag
zu Asche zermalmt

Dünger der Todesfrüchte
(der Fruchtlosigkeit)
auf gespenstische Felder
gestreut
Alpträume aus Hass
Lösen und Regung
in der Starre

Triebe winzig klein
Spreu, vorm Windhauch
zu beschirmen

Zeit zerrinnt in zäher Ewigkeit
zu Schmerz und Eiter
Abgeflossen trägt
die Reinigung der Felder
bald die erste Ernte:

grüne Halme
in der Weiche ungeformt
streichelnder Wind versucht
ihnen ein zögerliches Lied
(der Liebe)
zu entlocken

Akrobaten (bei der Arbeit)

Der gewagte Sprung vom Turm
in luftiger Höhe
gekonnte Verrenkungen
der Boden in Nebel

Darauf
unten als Knäuel aufschlagen
blutige Lache im leeren Becken
das Wasser abgelassen

um

nach und nach
mit markigem Blut
angefüllt zu werden

Schwarze Einfärbung
drängt vom Grund auf
im Wettlauf mit der Zeit

Die Leiber weggekarrt
mit dem Seelenmüll
vom Gärtner
der gedungenen Seelen

Gehbewegungen

Angehen gegen den Strom der Gefühle
wie lange schon liegt er versandet
ein Fußabdruck Deiner Imagination
(zu nichts wert als geschunden werden)

Weggehen von dem Selbst
das Du nicht zu sein wagst
Hüsteln und Kratzen im Hals
(sich räuspern aber es nicht können
alles hinunterwürgen)

Sich vergehen mit großspurigen Worten
ins Blut eingespeist wie Alkohol
versetzen Dich in wirren Taumel
(großartig so zu sein
die tätschelnde Hand auf der Schulter)

Ausgehen mit denen
die Dich kennen
aus wohlgeformten Worten
gemeinsam im Erfüllen von Funktionen
Lückenbüßer der Maschinenwelt

Plötzlich eines Tages
vergehen vor Sehnsucht
...
eine abgestorbene öde Wüste
heiß brennt der Sand
auf Deiner Zunge
schreibt Hieroglyphen
auf den Grund des Kiefers

Aufgehen in der Erkenntnis
nicht alleine zu sein
nicht brach zu liegen
im Strom der Welt
an den Schnellen zerschellt

Sein Leben durchgehen
wie ein Buch mit sieben Siegeln
Blatt für Blatt
...
Deine Vergehen sind dort
in schwarzen Zeitstrichen
niedergelegt
Finger färben sich dunkel
vom Umblättern

Bittrer Geschmack auf der Zunge
ätzt durch und durch
flatternde Zungenschläge aus Schmerz
hingeschwallte Wortfetzen
formen Wortgebilde
Wahrheiten nach all den Lügen
in nie gekannter Schönheit

Enigma

Deine Nägel krallen sich
in meine Haut
ich weiß es wohl zu schätzen
Ich gerbe Dir Deine Haut
bis sie schwarz wird
Dir näher zu kommen

Wiedergeburt

Plötzlich warst Du da
aus dem Nichts geboren
Bald wirst Du
nach mühevollen Jahren
- der kurzen Spanne Zeit -
ins Nichts zurückfallen

Die Wiedergeburt
kann Dir nur recht sein
verstößt sie auch
gegen den christlichen Glauben
ans Paradies
in das uns allen vergönnt ist
pauken- und trompetenschmetternd
einzugehen
von wenigen Ausnahmen abgesehen
doch wer glaubt schon daran?

Dein *Du* stieg in Dir auf
ein tiefergreifendes Gefühl
machte Dich zittern
stockte Dir den Atem
ließ Dich tief Luft holen

Der Funke Lebens
war in Dich gefahren
formte unförmige Masse
behutsam in eine Gestalt
Dein erstes Wesen
noch von Dir getrennt
aber Teil Deines Selbst
das noch im Wachsen

Immer wieder
neu das Licht der Welt
erblicken
mit sich selbst identisch
sich erkennen im Ich-Sagen
zuerst nur innerlich
als Freudenfeuer neuerwachten Lebens

Immer wieder
zu leben vergönnt
wie Du eines Tages
unvermittelt
dunkler Unkenntnis
entstiegst
wieder und wieder

Was sind dagegen
Pracht und Glanz
paradiesischer Ausgeburt
der Ausgeburt eines Gehirns
das hofft ob der Verzweiflung
bis zum Jüngsten Gericht

Zerreiß-Probe

Halte dich fest
in der Gefahr
entzweigerissen zu werden
ohne die Hände
zu verfärben
Trotze den Kräften
die dich hinwegreißen wollen
ins Nirgendwo

Wo Zuhause

Wo sind wir
zuhause?
Nicht fremd
vor dem
was eigentlich vertraut
alleingelassen
treibend im Fieber
der Gleichgültigkeit

Zuhause in der Stadt
die mich geboren?
Nie war mir
das Selbst
so fremd
alles türmt sich
über mir auf
presst mich
zur Miniatur
dem Spielball
fremder Interessen und
verheerender Taten

Morgen werde ich
auswandern
aus der Heimatstadt
ist mir alles zu
konfus
undurchschaubar
Wohin meine Schritte
meinen Blick wenden
steht noch
in den Sternen

Lichtpunkte der Ferne
brechen sich diffus
durch die Wand
aus Kohle-Dunst-Nebel

Unbekannter

Er wiegt dich
in den Schlaf
weist den Weg
an Orte
wo es nach Hause geht
Fremd blieben sie dir
ohne seine Hilfe
fändest du niemals
dorthin zurück

Traum aus Vergangenheit

Deine Bilder
hast du mitgebracht
meine Freundin
aus Korea
dem Land der
Morgenfrische
zu schön um vergangen
zu schön um nicht
wahr zu sein

Sie zeigen dein
volles Gesicht
von Leuchtkörpern
umfangen
als kreise es
mitten im Universum
Farben und Formen
magnetisierender Sehnsucht

Von deiner Seite
die Glut zum
Erlöschen gebracht
die in mir
immer noch glimmt
je nachdem

wie der Wind steht
auflodert oder
in sich zusammenfällt

Selten habe ich
mir
deine Gegenwart
so gewünscht
das Lächeln auf
deinen Lippen
unnahbar und doch
so begehrlich

Wiedergekommen
wiedererschienen
in meinen Räumen
scheint dir das
Vergangene
gleichgültig

als wartest du
auf irgend jemanden
sich dir
erkenntlich zu zeigen

Windhauch

Dein Atem
bläst ihnen
Reih um Reih
neues Leben ein

Wind
der durchs
Schilfmeer streicht
    die Rohre strecken sich
    die Rohre beugen sich
vermag Töne
sehnsüchtigen Verlangens
zu entlocken

Die Flöte spielt
ihre Melodie
bald ohne fremdes
Dazutun
Süß-traurige Weise
was ihr Herz bedrückt
was ihr innerstes Sehnen

Zerfließende Grenzen

Innen wie außen
stets alles
in die Offenbarung gestoßen
dem Wohlwollen der Mächtigen
zum Fraß
Dahinter verbirgt sich
das große Geheimnis
auf schwankend-letztem Grund

Außen wie innen
bedrohliche Schatten
aus Angst
herangezüchtet
das pochende Herz des Vogels
in zusammengekniffener Hand

Schamane

Zeit der Moderne
hat sich selbst überlebt
rufen lauthals
nach dem Schamanen

Soll die Geister
bannen
schnüren uns
den Hals zu
in beharrlicher
Klettenhaftigkeit

Geister der Liebe
Geister des Hasses
spucken uns
in die Gehirne
Besessenes Hasten
ihre Aufträge
zu erfüllen
makellos wie
Knochenmark

Die Natur
wurde uns
zur hässlichen Fratze

sie austreiben
soll der Beschwörer
Unseren Kosmos selbst
erschaffen
und die Gesetze dazu

Uhrwerk der Unbarmherzigkeit
in satanischer Präzision
greifen Klauen
ineinander
das Fauchen der Generatoren
liegt über der Stadt

Unter dienstbaren
Geistern
im Sog des Fortschritts
lacht der Schamane
grölt aus vollem Halse
schleudert die Haken aus
abgestumpfte Instrumente
an vermoderten Schlingen

Mikroskopische Kratzspuren
am gläsern-stählernen
Fassadenmeer
Seine Aufgabe
hat ihn aufgezehrt
bis auf die Knochen

wird er jemals
dem Totenreich
entrinnen?

Andere sind
an seine Stelle getreten
die Konkurrenz schläft nicht!
äffen ihn nach
mit dem Erfolg
der Ehrgeizigen

währenddessen
kriechen die letzten
schwarzverhangenen
Gestalten
aus ihren Höhlen
hervor
machen sich auf
wissen noch nicht
wohin

Fremderfahrung

In die Fremde werd' ich geboren
in die Fremde kehr' ich zurück
sie war stets mein zu Hause
die Freiheit im Land der Geburt

Der Aufrichtige

Ich bin klein
mein Herz ist rein
und bin ich erst groß
so werd' ich gemein

ging auch das
Schlüsselein verloren
ihr habt mich zu eurem
Rammbock erkoren

Sinnieren

Heute gehe ich durch Straßen
gestern noch von Leere durchströmt
sie säen nicht
sie ernten nicht
und ihre Herrenfahrzeuge
ernähren sie doch

Wie weit erstreckt sich
der Asphalt
kommen wohin
fahren woher
das große Fahrzeug
ernährt uns doch

Drüsen aus Normstahl
greifst gierig danach
hängende Lefzen
forschen nach Wärme
erntest sengende Hitze
stößt dich zurück

Unnahbar

Ich erzähl' euch was

Die *Rechten*
was sind sie denn
anderes
als Ausgeburten
einer erkalteten Welt

Sie dreht sich
immer schneller
im Taumel ihrer selbst
bis Konturen
zu verwerflichen
Fettklumpen
geronnen sind

Die Ausgeburten
rennen gegen die Mauer
aus Fett und Glas
haben ihr Spiegelbild
verloren
vor den Vitrinen
weltweiten Überschwanges

Wer sich's leisten kann
hat stets klare Sicht
wie viele andere
bekommen ihr Fett ab

Erste Begegnung

(für C.)

Tief eratme ich
den Duft in deinem Haar
Jahre haben sich darin verfangen
des Lebens und der Liebe

Gebannt erschaue ich
die Züge in deinem Gesicht
Konturen zartbesaiteter Haut
unausgesprochener Worte Lippen
die Augen voll Klarheit und scheuem Glanz

Ergriffen ertaste ich die Formen
deiner Gegenwart
sonst wäre die Gestalt
Schimäre nur
geboren aus den Wünschen vergangener Zeiten
losgelassen von den Ketten verlebten Lebens
im dunklen Kerker meiner selbst

Das Atem-Schau-Ertasten
hat inneren Strom
zum Erschwellen gebracht
längst versiegt geglaubt
aber im Taumel
stets gegenwärtig

Umhüllung

(für C.)

Dich hüllen
weit ausgestreckte Arme
in den Mantel der Nacht
abgeworfen
verhangene Blicke
der Legitimation

Endlose Weite des Meeres
Sterne funkeln am
pechschwarzen Firmament
ihr Einverständnis
wenn tosende Körper
anbrandende Wellen
höchster Lust
sich im Nass
verschlingen
und wieder ausspeien

Das Spiel nimmt kein Ende
kurz nur
lullt uns das Rauschen
des Meeres ein
um im Anschluss
die schäumende Gischt
umso unbändiger
aufschießen zu lassen

Schreie verlieren sich
unter bebenden Schlägen
der Landzunge
festgebissene Lippen
nicht hinweggespült werden
von aufpeitschenden Wogen
den Gezeiten
allumfassenden Einklangs

Verlorene Augen-Blicke

(für C.)

Schwer bist du gefallen
der Boden öffnete sich
Augen schmolzen zu
trübem Glas
konvulsive Tänze
der Verzweiflung

Wortlos
im Regen aus Worthülsen
Widerworte reißen
die klaffende Wunde
bis auf den Grund

Vergeblich mühst du dich
das Unabdingbare zu bannen
den Geist in die Flasche
zurückzuscheuchen

Wie lächerlich wirken
die ungelenken Gesten

dein Selbst verliert sich immer mehr
im rauschhaften Verlangen
nach dem Bodensatz aus Illusionen

***

Noch gestern pochte dein Herz
vor Entzücken
durchdringende Augensterne
warfen ihre Aureolen
in die letzten Winkel
seelischen Begehrens
Fixpunkte endloser Verheißungen

In der Offenbarung
wurdest du selbst
zum Glücksstern
eingehüllt ins Federkleid
säuselnder Worte
und verlangender Gebärden

Nun irrst du umher
im Labyrinth schemenhafter
Vorspiegelungen
im entleerten Blick
die zersplitterten Scherben
deiner Existenz

Un-Gleichgewichts-Sinn

(für C.)

Noch immer
oder immer wieder
auf schmalem Grat

zwischen

grenzenlosem
Vertrauen
dem schmerzlichen
Vorandringen
eingewachsener Krallen

und

Pechschwarz im Verlorensein
einzig aus Liebe
die Lügen geschluckt
den Hals zugeschnürt
in atemloser Leidenschaft
die Luft abgedrückt

Ohne Alternative
nur Rastlosigkeit
der hohle Klang
entleerter Gebeine
des Glaubens verlustig

Nichts ist geblieben
vom Höchsten
sie wieder zu beseelen

Prosa

Wort und Handeln

Es ist das Wort, das den Unterschied macht: das du in dich aufsaugst wie ein vertrockneter Schwamm, dich zu beleben scheint wie den Teig die Hefe. Die Absorption geht beinahe unmerklich vor sich, ist es doch der Schöpfungsmechanismus des Allerhöchsten, in dein Innerstes verlegt.

Die Bibel gibt aber auch den guten und teuren Rat, sich der Sphäre der ersten Bezugspersonen zu entziehen, um zum eigenen Leben zu finden. „Entwinden" ist hier wohl in vielen Fällen eine angebrachtere Bezeichnung. Denn die Leinen zusammen verlebter Jahre haben mit der verstreichenden Zeit an Festigkeit gewonnen, aus Schnüren sind Bänder und Riemen geworden – Tragriemen. Sie tragen dich, aber du liegst auch darinnen wie in einem Prokrustesbett, wie ein Irrer, den man auf der Liege festgeschnallt hat, um seine wahnwitzigen Vorhaben zu bändigen oder gar im Keim zu ersticken. Die groben Riemen halten dich, aber sie schnüren dir zugleich unmerklich den Lebensodem ab.

Denn es geht darum, zu handeln. Das Wort hat sich nicht mehr als das allein Seligmachende erwiesen, die Engel werden von verkohlten Teufeln mit gezackten

Piken gepiesackt, innerlich droht das Opfer zu verbrennen vor sengender Hitze und Glut, die in ihm aufwallen. Hast du nicht den Mut, in den bemerkenswerten Worten Tauben zu sehen – die verstört ob deiner unbändigen Regungen auffliegen, sich lautstark beklagen, doch allein ihrer Behäbigkeit verlustig gehen – werden Seele und Geist weiter schrumpfen im Käfig, sei er auch golden und voller lobender Worte. Du magst noch so süß zu trällern und kosend zu singen, ein Ohrenschmaus sein, deine Augen werden die aus deinem Inneren hervorgeklaubte große Welt nicht schauen, deine Hände werden nichts anderes Betasten als die glatten, mit Goldlack überzogenen Gitterstäbe. Wenn du ausfliegen darfst, dann nur, damit deine Flügel nicht einrosten, dich deine Kreise ziehen zu lassen, die Miniatur bleiben aus Angst, den glanzvollen Käfig aus den Augen zu verlieren. Denn die Welt außerhalb der Behausung ist ebenso zum Gefängnis geworden, zu einer bedrohlichen Kammer böswilliger Absichten und Verlockungen. Doch bist du dir dessen überhaupt noch bewusst?

Wie kannst du deinem traurigen Los entkommen? Mir fällt da eine persische Geschichte aus Rumis *Mathnawi* ein, über einen Papagei, der durch eine List von seinen Artgenossen in fernen Landen – die in Freiheit leben – den Rat einholt, sich tot zu stellen.

Als sein Herr, der den wunderbaren Vogel ins Herz geschlossen hat, von Emotionen der Trauer über den Verlust bestürzt, die Käfigtür öffnet, erwacht der Totgeglaubte unvermittelt zu neuem Leben, schwingt sich durch die geöffnete Luke weit hinauf, der Sonne entgegen. Sein Herr macht ihm zunächst Vorwürfe, erschaut dann jedoch die Weisheit, die in seinem Gebaren verborgen liegt. Nur so kannst du es schaffen: lass zuerst den Teil deiner selbst sterben, den du die ganze Zeit wie einen Mühlstein mit dir herumgetragen hast, der deine Schwingen beschwerte. Die dir diese Last umgehängt haben, werden verzweifelt die Hände ringen, jammern und klagen, dich auf den Pfad der Tugend zurückzuführen. Doch lasse dich nicht beirren, führe deinen Plan aus. Nicht etwa lahm mit den Flügeln schlagen, sobald die Käfigtür einen Spaltbreit geöffnet wird, nein, bleibe so lange liegen, bis das ganze Gewicht von dir gefallen ist, sammele neue Kraft, lass deinen Lebensodem ungehindert und in ruhigem Rhythmus strömen, dann schwinge dich heraus aus der Hülle des Wohlbekannten – auch deiner unsäglichen Angst –, die ganze Energie darauf gerichtet, der Sonne entgegen zu schweben, ihre Wärme zu spüren, aber auch die Kälte des Windes und des Eisregens, die angetreten sind, deine Federn zu bleichen. Brauchst du denn dieses buntgescheckte Federkleid noch, um zu gefallen? Hat dein ehemaliger Besitzer, von dessen Wortnebel du besessen warst, nur ein Körnchen Grips in dem Teil des Kopfes, der seine Zunge flattern lässt, so wird er sich im ersten Moment verwundert ob dieser Transformation die Augen reiben, aber der Schmerz wird bald hinweggeweht werden von einer tieferen Einsicht, die auch sein Leben zu befruchten vermag.

Deine Neugierde kennt keine Grenzen mehr, mit ausgestreckten Händen betastest du die Welt, die schon immer in dir war, dein ganzes Wesen lässt sich ergreifen von Oberflächen, Konturen, kalt und heiß, süß und sauer, laut und leise, schnell und langsam, hell und dunkel, Tag und Nacht. Das Leblose weicht dem Lebendigen, das du in seinen zahllosen Facetten erkunden wirst, mit allen Sinnen und wie von Sinnen. Es ist ein Licht, das aus dir hervorströmt, sich in die dunkelsten Winkel deines Selbst stürzt, sie zu erleuchten.

Dieser Wahnsinn sei deine Gesundung.